윤인영 시집

냉이

윤인영 시집

냉이

작가의 말

 외딴숲은 넓고 샘은 깊었다. 초대받지 않은곳에 사는것 같은 마음속에 아무도 모르는 나비 애벌레가 한 마리 있었나보다. 홀로서지 못하는 나에게 데미안이 말했다.
 '품고있는 나비를 날려 보내라'

 원을 세운 것도 아닌데 시들이 찾아왔다. 그러나 누군가 시라고 불러줄때까지 기다렸다. 이제 인연이 익어서 시라고 불러주고, 시인이라 해주시는 분들이 계셔서 호두같은 얼굴로 첫 시집을 만들었다.
 어제도 그제도 사는 것이 쉽지 않았던 분들께 오래된 사람의 시집 한 권이 서로 공감 속에 온기가 되었으면 좋겠다

 국화꽃 피우듯이 소쩍새처럼 천둥처럼 우물안 개구리를 시인으로 태어나게 해주신 모든 분들께 감사드립니다.

2025. 9.

차례

작가의 말   5

1부 ─────────────

만나기 좋은 날	17
괜찮아 1	18
냉이	19
달을 보고	20
언젠가는	21
뒷산의 소나무	22
마음 죽이기	23
나의 사랑	24
힘내	25
잊어라	26
한계령	27
꿈	28
가을날	29
돌아설 용기	30
비 1	31
유월	32
대놓고 하지 못한 말	33
노을 사랑하기	34
달 지나간 자리	35
담장	36
지는 꽃	37
새벽	38
용서하시고	39
주저앉은 이유	40

피리 소리	42
가을 1	43
시절인연	44

2부

달팽이	47
하얀색	48
겨울 강가에서	49
낙엽을 태우며	50
지나간 시간 1	51
행복한 이유	52
춘삼월	53
내 몫	54
운주사	55
엄마	56
마음 1	58
전화	59
수박	60
무서리	62
장마	63
환절기	64
너의 의미	65
오른손	66
꽃무릇	68
마음 2	69
고라니	70
지나가는 중	71

그리움 1	72
지나간 시간 2	73
산다는 것	74
소식	75
사랑하는 것들	76
때늦은 일탈	77
지표 1	78

3부

돌	81
진달래	82
살다 보면	83
아쉬움	84
뻐꾸기	86
가랑비	87
백로	88
쪽동백나무	90
달리	92
법회	94
달리기	96
유혹	97
오늘도 꼭	98
선택	99
마음 다스리기	100
검어진다는 것	101
오래된 사람	102
소소한 꿈	103

항해	104
오래된 잠	105
을숙도	106
행복	107
허함	108
문밖에서	109
무겁거든	110
걸리지 않는 바람처럼	112
우리 집	113
검정 원피스	114
작은 연못	116

4부

산수국	119
마음 3	120
작은 슬픔	121
그냥 사는 것	122
황하강	123
눈꽃	124
소망	126
소중한 것	127
까마귀 1	128
꽃씨	129
창	130
불로초	131
빗장	132
아름다운 시절	134

카페	135
작은 것이 주는 슬픔	136
마지막 손님	137
연꽃	138
오래된 그 여자	140
봉숭아	142
홀로	143
개망초	144
나무	146
보발재	148
성북동 집	149
길	152
물망초	153
삶	154
나일 뿐	156

5부

가을 2	159
인연	160
지표 2	162
긴 봄	164
헤어질 연습	166
무화과	168
모퉁이	169
가을 3	170
측은한 아침	171
국화	172

감나무	174
산비둘기	176
개미	178
겨울밤	179
동백꽃	180
하여가	182
무안	184
촌	186
기찻길	188
제주도	190
시	192
변죽	194
지리산	196
마음 4	198
개심사 청벚꽃	200
강	202
비 2	204
생각나는 사람	206

6부

그럴 수도 있지	209
까마귀 2	210
살면서	212
괜찮아 2	214
전상서	216
그리움 2	218
바라기	219

봄	220
겨울새	222
낮과 밤	224
긴 꿈	226
벚꽃길	227
첫눈	228
월식	229
능소화	230
두고 온 마음	232
고래	234
배려	236
바닷가의 하룻밤	237
너무 짠한 그대	238

해설
윤산 강행원
자연을 일상으로 한 서정적 사유 239

일러두기
기본적인 표기는 표준어 맞춤법과 외래어 표기법을 따르되 방언을 포함한 일부는
작가의 의도를 반영, 작가의 원문을 그대로 살렸다.

표지 사진 ⓒ유주영

1부

만나기 좋은 날

보고 싶은 마음이
하늘만큼이라도
바람 부는 날은 오지 마
가두어 놓았던 숱한 기억들이
용오름처럼
하늘로 솟아오를지 몰라
너무 고요해서
물수제비도 잘 떠지는 날
그런 날 만나
수채화처럼 맑고 투명한 날
아주 잘 지낸 것처럼
마음 모두 비운 것처럼
한번을 만나도
그런 날 만나

괜찮아 1

난 괜찮아
난 괜찮아하고
가만히 있었더니
어느 날
마음에 실금이 가는 소리가 들렸다
너무 작아서 나만 들리게
어제도 실금이 가고
오늘도 실금이 가고
어쩌면 내일도 모레도
실금이 가겠지
거미줄 옷을 입은 것 같은
마음을 잡고
나만 들리게 가만히 말했다
이제
나 안 괜찮아

냉이

내 이름을
내가 지을 것이면
네 이름을 빌리고 싶다
더러 나무도 얼어 죽는
겨울을 지내고도
구석구석에서 살아남아
천지에 널렸구나
밟히고 밟혀도
꿋꿋하고 여전하게
봄인가 싶은 날이면
어느 다정하고 훈훈한 집
밥상에 올라
국으로 나물로
식탁을 행복하게 해주고도
도무지 잘난 척이 없네
이름을 빌려
닮을 수 있다면

달을 보고

서쪽으로 간 친구는 말하네
네 손에 쥔 씨앗을
꽃피우게 하라
별을 본다고
고비사막을 찾아가고
자작나무가 좋다고
시베리아를 헤매느라
어느 골짜기
어느 구릉에서 놓았을까
내 손안에는 아무것도 없고
그 씨앗은 얼어 죽었을까
말라 죽었을까
언제나 달은 안 보고
손가락만 보느라고
어디에 떨구었을까
다시 찾아 꽃피우라고
달을 보고 서쪽으로
떠난 친구는 말하네

언젠가는

나의 사랑이
그대의 사랑과 만나 합심하여
손뼉이라도 쳤더라면
오래오래 행복하게 살았답니다
하고 끝났을 것을
바람 불어 못 찾고
비가 와서 어긋나고
멀리서서 바라보고
손만 흔들다가
다음을 기약하였답니다
언젠가는
언젠가는 하고

뒷산의 소나무

오래오래 잘살고 있던
뒷산의 소나무가
어느 날 밤에 떠났다
가는 곳도 모르고
어디 가든 잘 살아라
그렇게 떠난 나무들이
도시 빌딩 모퉁이 모퉁이
뻘쭘하니 서 있었다
먼 산만 바라보고
살아서든 죽어서든
떠나온 산을 다시 볼일은
없으리라

마음 죽이기

옛날 옛날
어느 시절엔가는
공부 좀 하였든가
오늘도
엎드려 나를 죽인다
좋을 대로 하세요 하고
이제
매일 놀기만 하고 살고 있으니
언젠가 한때는
나도 잘난 척 좀 하며
살아볼 것 같다

나의 사랑

꽃필 때 시작했다고
꽃이 지니 그만인가
여름 소나기처럼
변덕을 부렸다고
무지개 뜨니 그만인가
단풍 들 때 좋았다고
눈이 내리니 식어가나
다시 꽃이 피니
또 생각이 나네
마음속에서
꽃은 점점 커지고
향기는 더더욱 깊어가네
나의 사랑은

힘내

어떻게 알고 왔을까
길도 없는 곳을
마음속 깊은 곳에 찾아와서
내 소중한 추억이 되었다
꽃구경도 같이하고
비 오는 날이면
우산도 같이 쓰고
가을이 오면
나뭇잎처럼 어깨에
내려앉아 다독거린디
힘내
조금 기다리면
또 봄이 올 거야

잊어라

잔잔아
혹시 네가 마음 쓰이게
본 것이 있다면 잊어라
마당 귀퉁이
네 옆에 쪼그리고
누가 눈물이라도 훔쳤다면
잊어라
가끔 아주 쓸쓸한 음악이
온 집안을 침몰시키는
소리가 들려도 잊어라
너처럼 작은 꽃으로
살기도 힘들겠지만
사람답게 사는 것도
어려운 일이다
다시 누가 네 옆에 앉아
고개를 떨구더라도
너는 잊어라

한계령

첫눈에 좋았다
다시 보고 싶었으나
너무 오래 걸렸다
한 번 더 보고는
품고 있는 은비령과
필례약수까지
더욱 그리움이 차오르고
십 년은 기다려서
또 보고 오는 길에는
눈물이 났다
앞으로 십 년은 너무 길어서

꿈

꿈인 줄 알고 살면
담담할까?
꿈이라고 생각하면
행복할까?
모두 알게 되기를 바라진 말고
잠들기 전 잠깐만 생각해야겠다
꿈이라고
좋은 꿈 꾸며 잠들게

가을날

혼자 간다
혼자 간다
하고서는 자꾸만 돌아다보네
잘한다고 해놓고는
밤새 뒤척이네
낙엽이 지니 쓸쓸하다 하고
바람 때문에 눈물이 난다네
도무지
무슨 일인지 모르겠네
참 못났네

돌아설 용기

그분 말씀이 아니어도
사랑할 마음이 없네
사랑하고
미움을 만들고
돌아서서 남이 될
자신이 없어서
오늘도 슬며시 올라오는
사랑의 새순을 솎아 낸다
인사를 나누고
사랑을 하고
그리고는
돌아설 용기가 없어서

비 1

한나절을 비가 오더니
하늘이 맑고 깨끗하다
어둡고 탁하던
세상에서 올려보낸
모든 허물을 씻어내고
혹시
한나절 울어서
어두운 마음이 청정해진다면
가끔씩 비 오는 날
같이 슬퍼해야겠다

유월

작은 씨앗이 자라서
한 송이 꽃을 피우기 위해
고운 물을 들이며 애쓰는 동안
길가에서 개망초가
쉬이 돌아설 수 없는
향기를 장만하는 동안
누군가를 멈추게 할 만한
고운 꽃 한 송이
향기 한 방울 만들지 못했네
유월 초여름
난 오늘 좀 더 겸손하고 싶네

대놓고 하지 못한 말

바람 불거든
귀 기울여봐
내가 전한 말이 있는데
대놓고 말하기 좀 그래서
바람 속에 슬며시 보냈는데
외롭다고
비가 사분 사분 내리거든
잘 들어봐
내가 전한 말이 있는데
대놓고 말하기 민망해서
비속에 슬그머니 전했는데
그립다고
모두들 다
외롭고 그리운지
바람 불고 비 오는 날이면
사방에서 수런거리는
소리가 들리네
대놓고 못한 말들이

노을 사랑하기

단풍을 사랑했으면
가을에 생각났을 것을
눈이 좋다고 했으면
겨울에만 못 잊을 텐데
화려한 봄꽃도 아니고
하필이면 비를 좋아해서
한 계절도 그냥 넘길 수가 없네
친구야 잘 들어봐
난 오늘부터 노을을
사랑하기로 했다
매일매일
서쪽 하늘이 오렌지색으로
물들거들랑
내 생각 하기 바래

달 지나간 자리

기나긴 밤
달 지나간 자리
누가 보았는가
밤새 거기 있었으나
가는 길은 자취도 없네
그리운 이여
밤이면
소리도 없이 흔적도 없이
겨울달처럼 시린 마음을 안고
너에게 다녀오마
아주 고운 꿈 꾸며
네가 잠자는 동안

담장

매일 담장을 쌓으며
무엇을 지키려 했을까
쌓고 또 쌓고
타인을 지키느라
그런 줄 알았더니
자신을 가두느라 그랬나보다
탐날만한 것도
잃을 것도 없는 울타리 안에서
아무도 모르게
가난하고 싶었나보다
아무도 모르게

지는 꽃

꽃이 진다고
슬퍼하진 말아라
단풍도 아름다우니까
그래도 아쉬우면
기다려봐
꽃피는 계절이
다시 올 테니
내가 오래도록
꼭 다시 오는 걸 보았으니까

새벽

엉클어지고 뒤틀린
하루를 보내고도
몸을 누이고
잠을 청할 수 있는 것은
네가 있기 때문이리라
이 밤의 끝에 네가 있어
다시 시작하리라
다시 일어서리라
마음을 추스르고
너를 기다린다
오는 대로 오거라
빠르면 빠른 대로
느리면 느린 대로
밤새 기다린 차거운 물에
얼굴을 씻고
옷깃 단정히 여미고
내가 마중 나가마
또 한 번
새로이 시작하러

용서하시고

누군가 굶주리고 있는데 몰랐다면
나의 탐욕을 용서하시고
추위에 떨고 있는 사람에게
따뜻한 손 한번 안 내밀었다면
나의 이기심을 용서하시고
외로움에 울고 있는데
눈물 한번 닦아 준 적이 없다면
나의 차가움을 용서하시고
그런 용서를 이루어 주실 수 있는
누군가 가 계시다면
제가 가진 것 중
가장 풍부하고 가장 맑은 것 속에서 감사 기도를 드리겠습
니다

주저앉은 이유

아침 일찌감치
공부하겠다고 잘 나섰으나
앉아계신 문 앞에 가기 전에
하늘에서 빨간 애기손
노란 애기손이
나풀나풀 손짓하며
내려오는 바람에
그 아래 주저앉아
사진을 찍고
음악을 듣고 너무 좋았어요
그래두
제 마음은 아실 거예요
항상 미소로 절 바라보셨잖아요
오던 길 잊고
나무 밑에서 놀고 있어도
자비로움이 가득한 눈으로
내려다보고 계실 거라고 믿어요
어쩌겠어요

딱 오늘 같은 만남을 가지려면 삼백육십오 번의 밤을
또 지나보내야 하는데
이 하루는
아무 데도 걸리지 않는 바람처럼
보내야겠어요

피리 소리

찬 바람 불면 온다더니 안 오네
정 추워지면
따뜻한 봄처럼 온다더니
안 오네
가시나무 같은 바람 속에서
너무 오래 기다렸나보다
마음도 숭 숭
몸도 숭 숭
바람에게 길을 내어주니
몸에서 피리 소리가 나네
겨울나무처럼

가을 1

오랫동안
가을을 사랑했다
높은 하늘
그리고 푸른빛
목덜미를 쓰다듬고 지나가는
선뜻하고 차가운 살랑거림
가을만이 내보이는
중도와 중용의
따뜻한 빛깔들
시간은 많이 흘러서
이제 가을이 주는 의미를
알게 되었고
그것까지 더욱 사랑한다

시절인연

아직은 가지 말아라
너무 돌아서진 말아라
하고 싶은 말도
다 하지 못했고
듣고 싶은 말도 못 들었으니
그래도 또 언젠가
어느 바람 부는 모퉁이에서
스칠 수도 있으니
옷깃이라도 닿을지 모르니
아직
너무 찬바람 일으키며
돌아서진 말자
언제 다시 만나게 된다면
볕이 아주 따뜻한 날
우연히
아주 우연히 만나자
그리운 사람처럼

2부

달팽이

네가 지고 있는 집의 무게를
나는 모른다
부모님은 오신 곳으로 떠나시고
아이들은 어른이 되어
세상을 향해 떠났다
오래된 외딴집에 앉아
뜰을 지나는 너를 본다
어디를 바삐 가고 있나
시냇가에서 물비늘 보며 하루
꽃밭에서 향기에 취해 한나절
네 집의 무게를 나는 모른다
그래도 오늘은
집을 지고 길 떠나는 너에게
박수를 보내주마

하얀색

하얀색이 슬플 수도 있구나
오늘 더욱
넓디넓은 들판이
하얘서 너무 하얘서
생각지 못한 눈물이
온전히 사랑받았으나
너무 사랑받았으나
한 번도 돌려드리지 못하고
하얀 치마저고리 입고
산에 두고 온
날 사랑했던 사람들
겨울마다
눈은 수없이 만났으나
오늘은 갑자기
엄마가 보고 싶네
눈발 날리던 추운 날
산에 두고 온 엄마가

겨울 강가에서

마른 갈대가 엉클어진
강가에 서 있었다
바라보는 곳도
돌아서서 갈 곳도 다른 친구와
반쯤 얼어붙은 강에서
청둥오리 떼가 날아오르고
물비늘이 지는 것을
하는 말도 없이
무심히 보고 서 있었다
심심한 이 풍경이
흑백사진처럼 인화되어
마음에 남았다
문득
청둥오리의 비상이 부러웠던
겨울 강가였다

낙엽을 태우며

뜰에서
떨어진 나뭇잎을
긁어모아 태우려니
감나무가 우두커니 보고 있다
한때 제 몸이었으나
떨어져 타고 있는 잎들을
지켜보던 나도
얼른 던져 넣었다
잊고 싶은 추억들을
감나무와 나는
저의 소중했던 것들이
재가 되는 것을
일없이 바라보았다

지나간 시간 1

사랑할 수 있을 때
사랑도 하지 못했고
돌아서야 할 때
돌아서지도 못하고
찬 바람 부는 들녘을 보니
지나간 계절에
파종도 못 했네
머리 위로 하얗게 눈 내리니
잊고 있던 거울 좀 봐야겠다
얼굴이 어떻게 생겼는지
어떻게 살았는지

행복한 이유

옛날 옛날
뒷산 고랑 고랑에서
돌배나무 개복숭아
고염나무들이
행복하게 살았다
서로 도토리 키 재며
으쓱거릴 일도 기죽을 일도 없이
산비탈 코앞에
과수원이 생길 때까지는
그만 잘생긴 다른 것들을 보고는
돌배의 낯빛은
점점 어두워지고
고염은 아주 쪼그라들고 말았다

춘삼월

비는 내리고
비는 내리고
앞산도 좋아하고
뒷산도 좋아하고
봄 꽃나무들은 꽃 물들이느라
바쁘고
제일 부지런한 잔잔이는
땅 위에 푸른 별사탕을
뿌려 놓은 것 같구나
비를 좋아하는 모든 것이
물이 오르는데
나의 일 없음이
나는 우울하다
봄이나 타 보아야겠다

내 몫

살던 대로 살아라
자꾸 두리번거리지 말고
하던 일 마저 해라
호밋자루 내던지지 말고
혹시나 하고
누구라도 기다리지 말아라
모두 하던 일 하고 있다
매던 밭 마저 매고
자리에 누워
밤에 우는 소쩍새 소리라도
들어라
아주 들을만하니
공연히 두리번거리다
마음에 감기 걸린다

운주사

어디로 갈지 모를 때
마음에 운석이 떨어진 것 같을 때
한번 들러보아
들어가는 문도
나오는 문도 없으나
길 없는 길로 이어진 그곳
석불들이
서 있거나
앉아 있거나
누워있기나
외할아버지처럼
따뜻한 얼굴로
나를 지켜줄 것 같은
와불 곁에 잠깐 머물러봐
도량이 얼마나 평화로운지
시골 고향 같은지
어디로 갈지 모를 때
한번 들러봐

엄마

엄마
사람들은 안 계신 부모님을
뵙게 된다면
따뜻한 밥 한 끼 대접하고 싶다고도 하던데
엄마
난 아니예요
한번 안아달라고 하고 싶어요
폭 안겨서
기니긴 숨을 한번 쉬고 싶어요
엄마
사는 게 항상 시리고 추웠어요
딸을 열대 식물을 낳으셨나봐요
늦되고 늦된 저는
엄마도 기대고 싶고
엄마가 필요했다는 것을
머리에 검은 물 들이며
이제서야 알아요
그래도

내가 백살이 되어도 만나면
안기고 싶은 엄마예요
품에 기대여
깊은숨 좀 쉬고 나서
밥을 지을게요
오로지
날 안아줄 한 분을 위해서
엄마 보고 싶어요
그리고 죄송해요
엄마 보기 부끄럽게
너무 못나서

마음 1

손바닥보다 좁은 마음에
일 없음이 찾아오고
바다처럼 끝없는 마음에
폭풍우가 일어난다
누가 알 수 있으랴
네가 보는 것은
언제나 밋밋하고 덤덤한
나의 얼굴뿐이다

전화

오월 그믐 언저리
개구리 울음소리가
허공에 가득 찬 밤
물 가두어 놓은 논은
달빛에 일렁이고 반짝이고
그 옆을 따라
난 참으로 걸을 만했다
개구리 교향곡 사이로
전화벨이 울리고
먼 곳에서
친구가 안부를 물어주자
갑자기 난
주유소 앞 고무 인형처럼
흔들 흔들
펄렁 펄렁
사방으로 나부꼈다
순간 살아볼 만한 것 같은
아주 싱그러운 밤이 돼 있다

수박

언제 보아도
어두운 빛이었다
뜨거운 태양 아래 한 계절을
온몸을 단단하게 웅크리고
세상을 등지고 앉아
무엇을 지키느라 그랬을까
무심한 손에
몸에 칼이 닿고
쩍하고 갈라고 순간
너무나 다른
외면과 내면을 보게 되리라
치열했던 여름 내내
햇빛에 검게 그을리며
단단하게 등가죽을 키우며
지켜낸 너의 붉은 속살
잠깐 치하할 생각도 못 하고
사랑하는 사람들과
너의 달콤함에 행복하였다

인고의 시간 속에
가슴에 품고 지켜낸
너의 등껍질에 박수를 보낸다

무서리

무서리 내리기 전에
하고 싶은 말이 있는데
들녘에 모두 널브러져
드러눕기 전에
너희들의 열매는 달았고
잎들은 나의 식탁에서
풍성하였으며
꽃들은 아름답고 향기로웠다
모두 흙으로 돌아가기 전에
할 말이 있는데
너희가 있어 행복했다
내 마음에도 무서리 오기 전에
하고 싶은 말 있으면 하기 바래
혹시 누구라도
사랑했다던가
고마웠다던가
그런 말들이 그립네
무서리 내리기 전에

장마

다도해 같은 새벽하늘에
비늘도 선명한
커다란 잉어는 언제 올라갔나
열흘도 더 비가 온 새벽
네가 꼬리를 흔들며
다도해로 들어갈 것인가
비늘을 번쩍이며
땅으로 다시 내려올 것인가
열흘은 온 비가
며칠 더 내려온들
내가 어찌 말릴 수가 있으랴

환절기

계절이 바뀔 때면
조금만 살짝
아프기로 했다
보내는 것 떠나는 것에 대한
감상과 아쉬움으로
오는 계절을
대놓고 반가워하기 미안해서
언뜻언뜻
서늘한 바람이 목덜미를 스치자
재채기 좀 몇 번 하기로 했다
강렬했던
여름에게 보내는 이별 선물로
그리고는
이 계절에 곱게 물드는
나무 이름들을
하나씩 불러보았다

너의 의미

내게 네가 어떤 의미인지는
아무도 모른다
나도 잘 모르니까
물이 마시고 싶을 때는
깊은 산속
토끼만 먹고 간다는
그 옹달샘이었고
누구에게도 할 수 없는
말들을 털어놓은
이발사의 대나무 숲이었다
그리고 가끔은
기차역 앞의 작은 카페였다
다음 여정을 기다리는
나의 고단함을
추슬러 주고
다스려 주는
나만의 작은 카페

오른손

거뭇거뭇하기도 하고
쭈글쭈글하기도 하고
세상에 나온 지
오래된 것 같으네
힘든 일 좋은 일 필요한 일
혼자 해내느라 애써도
오른손이 하는 일은
왼손은 모르는 일이고
반짝이는 것 귀한 것은
모두 왼손에게 가고
아무리 감사해도 너에게 잠시도
휴식을 줄 수가 없구나
다시 또
손으로 세상에 와야 한다면
왼손으로 오거라
그 쉴 새 없는 중에도
너 오른손은
잘하는 것이 많았고

그리고 항상
따뜻한 손이었음을
오래오래 기억해 주마

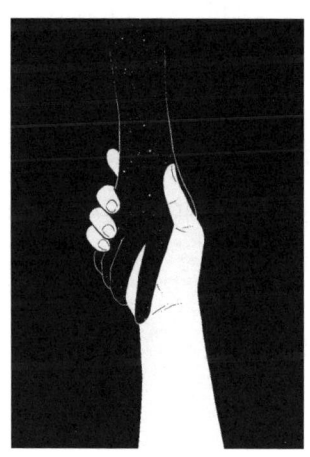

꽃무릇

꼿꼿한 줄기 위에
도도하게 앉아서
내가 잠시 머물다
새처럼 날아가리라
빛은 강렬하고
자태는 우아하구나
피맺힌 기다림 속에
날아가려던 꿈도 이루지 못하고
아무 말도 하지 말아라
가까이 다가가기 어려운
아름다움 뒤에서
이루어질 수 없는
어긋난 인연에
가슴이 저리다

마음 2

너의 마음을
반만 받으마
돌아서서 가는 길이
힘들지 않게
온전히 다
왔다가 돌아가는 길은
너무 멀으니
항상 생각하며
반만 받을 테니
언제고 발걸음 가볍게
돌아서서 가거라
힘들지 않게
멀지 않게

고라니

어스름 여명에
어디서 뛰어오니
가족들은 어디에 두고
언제나 혼자서
혹 고구려 벽화 속에서
뛰고 있는 게 너의 선조냐
천년도 넘는 시간을
아직도 그렇게
뛰어다니고 있구나
산다는 게 그런 건가 보다
나의 아버지
할아버지의 할아버지
할머니의 또 할머니
그냥 살아내셨구나
어쩌면 뛰면서
너처럼 정신없이 뛰면서
지난 천년도 잠깐
앞으로 천년도 너무 가볍게

지나가는 중

어디서 왔는지는
잘 모른다
어디로 가는지도
이곳은 마음에
썩 내키지 않나보다
그래 자꾸자꾸 다독거린다
여기는 아닐 거야
다 온 것은 아니야
좀 더 따뜻한 곳
좀 디 높은 곳
아주 밝은 곳
그런 곳이 기다려서
지금
잠깐 지나가는 중이야

그리움 1

오랜 시간 동안
마음에 스며들지 않았네
그리움을 만드느라 바빠서
지고 있는 이름이 많아서
좀 더 잘살아 볼걸
좀 더 바쁘게 보낼걸
이제는
이름도 많이 내려놓고
지난 시간 속에서
그리움 꺼내 보는 맛이
아주 풍성하네
그리움 부자네

지나간 시간 2

오랫동안
겉은 초라했고
안으론 쓸쓸했다
왜
아름다운 것
좋았던 일은
지나간 시간에만 있는 것일까
하늘에선 끼룩거리며
철새가 다시 돌아가고
찬 바람 많이 부는 밤이었지만
이불속은 너무 따뜻해서
세상 시름 잊었었다고
오랜 시간 지나고 나면
초라할 것도
쓸쓸할 것도 없던
정말 따뜻했던 밤으로
오늘도
내게 남아 있으리라

산다는 것

산다는 건
마음 아픈 일이다
마른 꽃 같은 얼굴이
앙상한 어깨가
낡은 옷자락이
헐어 빠진 신발이
마음 아프게 한다
화려하고 풍성한 것들은
모두 어디에 숨어있는가
그래도 아직은
서로 웅크려 잡은 손이
너무 따뜻해서
좀 더 살아내야겠다
따뜻한 손 꼭 부여잡고

소식

까마귀도 하던 일을 그만두고
까치도 더 이상 소식을
전하지 않는다
저희들이 앉아 쉬는
검은 줄이
무얼 하는지 알았나보다
까마귀 울면
누군가 떠날까 봐 걱정이셨던
할머니도 안 계시고
하루 종일 까치가 울어도
아무도 오지 않는다
이제는 내가 할머니가 되었고
나는 새소리에 소식을
바라지 않는다
누구든 전화벨을
울려 주길 기다린다

사랑하는 것들

누군가는 해 뜨는 것보다
해가 지는 게 아름답다고
누군가는 떨어진 꽃잎보다
곱게 물든 나뭇잎이
가을바람에 날리는 게
더 아름답다고
누군가는 봄보다는
마무리 되어가는
가을이 더 아름답다지만
거울 앞에 서서
가만히 바라다보려니
나는 복숭아 같고
사과 같은 아이들이
더욱 사랑스럽네

때늦은 일탈

집 나갔던 탕아도
돌아올 때쯤
세상을 구하겠다고 떠났던
큰 바위 얼굴도
귀향할 때쯤
나는 때늦은 일탈을 시작했다
그리고는
날마다 떠날 곳 없는
연애편지를 쓴다
하늘에게
나무에게
날으는 새에게도 한 통
세상의 꽃들은 모두 예뻤다고
고맙다고 한 통
내게 행복을 주었던
모든 것들에게
편지를 쓴다
사랑한다고

지표 1

내가 세상에 흔들리며
부식되어 갈 때
푸른 녹이 끼어 갈 때
너는 나에게
지표가 되어준다
굶지 않고 살 수 있어서
벗지 않고 살 수 있어서
다행히 아픈 데는 없어서
행복하다는 너는
욕망의 세상으로
자꾸 한눈파는 나에게
울타리를 만들어 준다
세상 사람들이 싸놓은 오물을 치우며
싸는 사람보다는
치우는 사람이 낫다는 네가
오래오래 행복하기 바란다
가끔 울타리도 고치며
외로운 지표가 되어

3부

돌

함덕의 바다가
너무 맑아서
돌 하나 던져보고 싶었다
네가 깊이를 모르게 태연하여
돌 하나 던져보고 싶었다
내 마음이 죽은 듯하여
돌 하나 던져보았다
속에서 죽지 않은
욕심과 어리석음이
먹구름처럼 피어올랐다
보이는 게 모두는 아닌가 보다

진달래

얼마나 기다렸으면
저렇게 일찍 피워댔을까
겨우내
많이 힘들었나 보다
죽을힘을 다한
빨갛게 상기된 얼굴로
온산을 덮었다

살다 보면

마음속에
사계절이 다 들어있다
네가 꽃으로 다가온 날은
봄이고
시원한 소나기로 다가온 날은
여름이다
노란 은행잎으로 와도 좋고
첫눈처럼 와도 좋다
네가 무엇으로 찾아오던
우리 너무 뜨겁지도 말고
너무 춥지도 말자
아주 더 많이 살다 보면
항상 봄날 오후 같은
마음이 되려나
기다려 봐야겠다

아쉬움

타인이 마음에 안 들면
돌아서면 그만인데
자신이 못마땅해서
갈 곳이 없네
피었을 때 안 예쁜 꽃이 어디 있나
벚꽃처럼 흩날리면 좋겠네
동백처럼 뚝뚝 떨어지면
더 좋겠네
지나온 시간은
마음자리에 고랑을 만들고
두둑도 만들고
어찌할까나
봄이면 쪽동백꽃이
눈처럼 날리는 골짜기에
그늘도 고랑도 없는
마애 부처님이 사시던데
오는 봄에 같이
쪽동백 꽃비 맞으며

그분

물이라도 들어볼까나

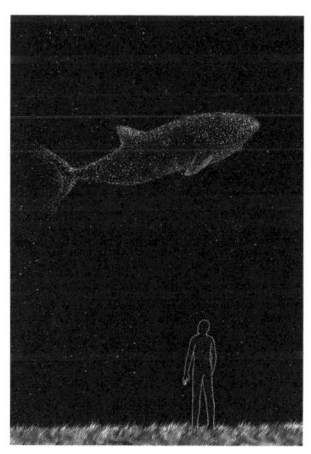

뻐꾸기

누가 뻐꾸기를
나무랄 수 있는가
나는 오늘 근심과 걱정을
뻐꾸기처럼
당신의 마음에 밀어 넣고
그리고
편안하게 잠을 잤다
착한 당신은
뻐꾸기도 사랑한다

가랑비

내게 오는 것은
가랑비처럼 온다
행복도
불행도
소리 없이 다가온
행복에 젖어있고
불행에 적시어졌다
눈보라도 아니고
소나기도 아니고
소란스럽지 않게
슬며시 다가온 사랑에도
젖어가고 있다
내 모든 것은
가랑비처럼
슬그머니 온다

백로

어스름한 하늘을
하얀 손수건이
팔랑거리며 날리고 있다
내려올 듯
떨어질 듯
누구에게 전하는
하얀 손수건인가
나의 무거운 몸은
허공으로 한 발짝도
오르지 못하고
너무 많은 것들과
헤어지지 못하고
안고 가는 까닭인가
젊은 시절 추억
수십 년 모아놓은 서운함
한때 손잡았던 사람
강물처럼 쏜살같이
스쳐 간 시간들

많은 인연과 기억에
하얀 손수건을 흔들어야겠다
누가 아는가
모두 비우고 나면
꿈속에서라도
백로처럼
가볍게 날아오를지

쪽동백나무

오월에 그곳에 가면

잔잔한 하얀 꽃이

첫눈처럼 날리고 있었다

꽃 이름을 묻는 나에게

암자의 노스님께서 말씀하셨다

떠나온 곳을 바라보는

쪽동백꽃이라고

떨어진 작은 꽃송이들은

모두 제가 피어있던

나무를 보며 땅 위에 누웠다

같은 곳을 바라보는

꽃송이들을 보니

문득

엄마 바라기 딸내미 생각이 났다

쪽동백꽃을 닮은

봄에 그 골짜기에 간지도

오래되었고

딸내미도

이제는 떠나온 곳이 아니라
가야 할 곳을 바라본다
봄이 오면 한 몸이었던
나무를 바라보며
하얗게 누워있던
쪽동백꽃이 생각난다
아직도
떠나온 곳을 바라보며
누워 있을 것이다

달리*

우린 서로 존재도 모르고 살았다
시간이 지나도 어디에선가
스칠 수도 없을 것이다
가버렸으니
그래도 당신은
나보다 더 내 마음을 알고있다
지치고 힘들어서
허리를 피고 누울 때면
당신이 만든
그 지구 같지 않은 공간에
당신이 만든
시계처럼 걸쳐진 것만 같다
그림을 보는 사람에게
느끼게 하려던 당신의 뜻이었나
가끔
당신 그림 속의
시계처럼 늘어져서
이곳은 지구가 아니리고

생각하며 누워있다

지구가 이렇게

삭막할 수는 없다고

* 살바도르 달리 : 스페인의 초현실주의 화가(1904-1989), 이 시는 달리의 작품 〈기억의 지속 La Persistencia de la Memoria(1931)〉을 보며 썼다. - 작가 註

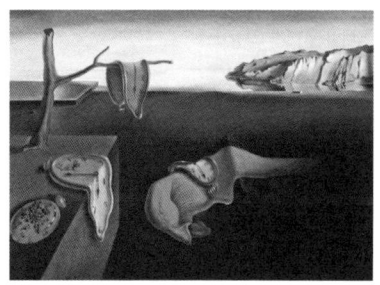

법회

좋은 말씀 들으러 가는
이유가 하나뿐이겠는가
봄이면
나무 사이사이 진달래 피지
초여름에는
선녀가 뜬 레이스
화병 받침 같은 산수국이 피고
백일홍이 불타는
여름이 지날 때쯤
소나무 밑으로
알고 보면 눈물 나는
꽃무릇이 붉게 깔린다
가을이면
봄내 피어 날리던
벚꽃나무의 단풍을
어찌 잊을까
겨울이면
소나무 위로 쌓인 눈이

흔들릴 만큼 울리는
독경 소리 마음 저리다
내가 나를 부처로 만들
결심도 노력도 없이
이렇게 걸림돌 많은 산사를
법회 들으러 간다
아무래도
부처 되기는 어려울 것 같다
흔들리기도 하고
가끔 다른 사람 미워도 하고
이기적인 화도 내고
난 중생이 더 어울리는 것 같다
부처님 보다

달리기

왜 그렇게 달렸을까
가슴속에 욕망이 있었나 보다
먼저 가고 싶은 마음
빨리 이루고 싶은 마음
이런저런 마음은
자꾸만
달려라 달려라 속삭이고
이제는 지친 몸으로
주저앉아 돌아보니
달리는 차 속에서
달리고 있었다
참으로 보기 민망한
바보 하나가 지쳐 앉아 있다
먼저 해놓은 것도 없이
공연히 달리느라 애쓰지 마라
어차피
타고 있는 차가
달려가고 있으니

유혹

내 마음속은
언제나 갈등의 바다다
선과 악이 일렁이고
온갖 유혹이 밀려온다
날마다 마음을 다스리고
편안한 얼굴로
오늘도
아무 일 없음을 알린다
그래도 문득 마음 한구석에서
알 수 없는 서늘함이 느껴진디
저 깊숙한 곳 귀퉁이에
없는 듯 들어앉은
블랙커피 같은
검은 유혹이
소용돌이치는 날도
있을 것 같아서

오늘도 꼭

새벽을 열고
일하러 간 사람아
저녁 어스름에
걸어 나간 그 길 다시 밟고
돌아오기를 바래
초라한 집이라도
아무 탈 없이
네가 있으면 대궐이 되는
작은집으로
밤새 고단한 몸
서로 어루만지고
다시 나갈지라도
매일매일 나간 모습으로
기다리는 사람에게
모두 돌아가길 바래
네가 있어야 따뜻해지는 집으로

선택

왼쪽 말고
오른쪽으로 가볼걸
강가로 가지 말고
오솔길로 들어서 볼걸
별빛만 쏟아지는 곳 말고
야경이 은하수보다 화려한
그곳에서 살아볼걸
진짜 촌놈 너 말고
멋있는 사람들
많이 많이 사랑해 볼길

마음 다스리기

이 세상에 왔으니
언젠가는
갈 줄 알았다고
모든 만남은
헤어짐이 정해진 일이라고
너는 그렇게 차갑게
받아들이고 있는 것을
어쩌자고 나는
언제나 이별에 약한가
비가 와도 서럽고
바람이 불어도
눈물이 난다

검어진다는 것

내가 좋아하는 검은색은
모든 것을 받아들이고
검정이 되었다
봄 여름 가을 겨울
화려했던 것
찬란했던 것
조금은 쓸쓸했던 것들이
모두 모여
검정이 되었다
소녀가 저녀가 엄마가 되고
포용하고 수용하며
이제는
나도 검어지고 있다
이 늦가을에
내가 검정을 사랑하는 이유다

오래된 사람

그 집 앞을 지나갈 때면
오래된 사람이
길을 바라보며 의자에 앉아 있다
호두 같은 얼굴로
그 집 앞을 지나갈 때면
괜스레 우울해진다
의자가 비어 있을까 봐
앉아서 무슨 생각을
하고 계실까
화살 같은 시간과
부질없음에 대하여
오래된 사람도
내면은 부드럽고 연한 속살로
채워져 있으리라
호두처럼

소소한 꿈

오랫동안
내 집에 대한 꿈이 있었다
이 일에 밀려나고
저 일에 앞자리를 내어주고
꿈은 멀리서 바라만 보고 있다
물질에 대한 욕심인가
집에 대한 집착인가
참
소소한 꿈도 다 있다
통 안의 삶 속에서도
천년 후의 우리에게
메시지를 전한
디오게네스도 있는데
가난했으나 도도했던
내게는 힘을 주는
너무 고마운 그 사람

항해

오늘도
너의 기억과 나의 추억이 만나
긴 밤을 보내는구나
포부로 가득 채우고 떠났던
항해에서
고래도 못 보고
죽은 생선처럼 널브러져 버렸다
무엇이 겁 없이 떠나게 했을까
젊음의 무모함 탓이었나 보다
이제 항해는 끝나고
조촐하게 누워
먼바다 이야기로
밤을 밝힌다
바다는 젊었고
씩씩했고
배려는 없었다고
꿈 같았던 항해를 말한다

오래된 잠

졸다가 깨어도
오늘이고
자다가 깨어도
아직도 오늘이다
수십 년 된 오래된 잠은
한 번에 아침을 맞이하지 못한다
얼마나 더
눈에 힘을 주고 있어야
이 밤이 지나갈까
오늘은 가기 싫고
내일은 오기 싫은 건가

을숙도

갈대 우거진
을숙도에서
밤바다를 바라보며
소리쳐 울던 사람아
서면 터미널에서
길 한가운데 고개 숙이고
떠나는 버스도 못 보던 사람아
수십 년이 지나도
내 가슴 속에선
항상 젊구나
나도 네 가슴 속에서는
변함없이 젊을 것이니
얼마나 잘된 일인가
네 앞에서 늙어가지 않아서

행복

부자도
일등도 양보하기
그만하면 다행이라고 생각하기
변방의 노인을 잊지 않기
장미도 예쁘고
민들레도 예쁘고
잔잔이도 예쁘고
모두 똑같이 사랑하기
내가 오늘 행복으로 가는
시노를 만들어 보았나
나를 위한

허함

오래된 사람 허한 것은
기름진 음식으로 고친다고
옛사람들은 말했지만
오래된 사람 선물은
돈이 최고라고
사람들은 말했지만
그것으로 채워지지 않는
허함은 아무도 말하지 않는다
너의 따뜻한 눈길에
너의 다정한 말 한마디에
화산석 같은 마음이
차오르고 있다
오래된 사람의 허함은
따뜻함에 대한
그리움이다

문밖에서

문밖에서
서성거렸다
누군가 문을 열고
따뜻한 차 한잔
권할까 싶어서
들어 오라는 사람도 없고
점점
들어갈 마음도 없어져서
그냥 오래오래 서 있었다
비도 맞고
눈도 맞고
바람에 날리며
이제 애당초
들어갈 마음이 없었던 것처럼
돌아가야겠다
그리운 이가 부르는 것처럼
해도 저물어 가고

무겁거든

살다가 살다가
이름이 무거워서 힘들거든
내게로 와라
너만의 이름을
따뜻하게 불러주마
아버지라는 이름도
엄마라는 이름도
잠시 내려놓고 와라
사랑으로 엄마가 부르던
네 이름을
내가 불러주마
살다가 살다가
입고 있는 옷이
너무 무거워서 힘들거든
내게로 와라
비단옷도 벗어놓고
누더기라도 벗어놓고
내게로 와라

세상에 무겁지 않은
옷이 없으니
내가 횃대가 되어
무거워서 힘든
너의 옷을 걸어주마
잠시라도

걸리지 않는 바람처럼

소식 올 곳이 없으니
기다림이 없다
소식 전할 곳이 없으니
담담하다
몸이 얼은 듯하나
투명하고 순수한
고드름 같아 괜찮다
마음이 시린 듯하나
서리 내린 아침처럼
쌩한 것도 좋다
모든 것이
시작된 곳으로 가다 보면
아름다운 비상도 만날 것이다
기다려볼 만한 일이다
그리하여
아무것에도 걸리지 않는
바람 되어 날아갈 것이다
허공 저 멀리

우리 집

앞으로도 인적이 없고
뒤로도 인적이 없는 우리 집
마당에 서면
십 리 밖까지 다 보이는 집
어린 왕자가 사는 별처럼
마당에 서서
해 뜨는 것과
지평선으로 가라앉는
해를 볼 수 있는 곳
이곳에
차 마시는 것을 좋아하는
오래된 사람이 산다
누구라도 지나가다
우리 집을 보게 되면
들러주기 바란다
언제나
따뜻한 찻물이
기다리고 있으니

검정 원피스

검정 원피스가 있었다
귀하게 여기는
마땅히 입을 자리가 없어
항상
옷장의 품격을 높이며
도도하게 매달려 있던
검정 원피스
가끔은
갈 곳 없는 주인이
나갈 일 없는 옷을 입고
반찬 냄새 밴 식탁에서
우아한 표정으로
차를 마셨다
드디어
원피스에게 외출할 일이 생겼다
손녀의 돌잔치
십 년도 넘게 기다린
내 옷장의 자부심이었던

검정 니트 원피스는
화려한 외출 한 번에
우아함을 뽐내고는
아주 부쩍 늙어버렸다
후줄근하게
너무
오래 기다리게 했나 보다

작은 연못

바람에 날아든
꽃잎 몇 장에
마음이 다 덮이고
나뭇잎이라도 떠다니면
발 디딜 곳이 없다
구름 한 점만 비추어도
온몸을 감싸고
그대 얼굴이 물 위에 뜨면
하늘도 보이지 않는다
내 마음은
작디작은 연못이다

4부

산수국

금강문 앞에
피어있는 산수국아
출가를 하는 길이냐
환속을 하는 길이냐
천녀가 뜨다가 떨어트린
화병 받침 같은 너는
세속을 벗어난 듯 보이는구나
한 소식 한 것도 같고
할 것도 같다
법당 앞이 풀벌레는
음성 공양을 하고
금강문 앞의 너는
꽃 공양을 하는데
가진 것도
드릴 것도 없는 나는
보시기에 거슬리시지나 않게
살아야겠다

마음 3

너무 높은 것 같아서
올라갈 수가 없다
너무 넓어서 끝이
보이지 않는다
너무 깊어서 얼마나 더 내려가야
바닥을 보게 될까
겨울보다 차갑고
여름보다 뜨겁다
누구를 위한 마음인가
무엇을 위한 마음인가
어디로 가는 길인가

작은 슬픔

항상 모든 것이 무거웠다
난 작은 수레였다
누구의 눈에도 띄지 않아서
가끔은
밟히기도 한다
너무 작은 꽃
잔잔이라서
마음도 작고
꿈도 작고
생각은 언제나 짧았다
세상은 너무 크다
작고 짧은 나에게
그래도
모든 작은 것들 속에도
똑같은 우주가 들어 있는데

그냥 사는 것

그냥 살으라는데
추운 것도 피하고
더운 것도 피하고 싶다
그냥 살으라는데
떠나가는 것들을 잡고 싶고
돌아앉아
눈물 흘리고 싶지 않다
봄바람에 설레고
눈 내리는 소리 들으며
또 지나가는 시간에
밤잠을 설치며
그렇게 산다
그냥 사는 거라는 데도
틈틈이 네 생각도 하며

황하강

네 몸 같았던 나의 몸도
내 살 같았던 너의 살도
흔들리고
부딪히고
균열이 가고
세월도 가고
드디어
사이에 강 하나를 만들었다
넓고도 기나긴
황하강처럼
맑지도 않은 강물은 흐르고 흘러
언저리를 비옥하게 만들고
풍요롭게 하니
힘을 내서 살아내야 한다
도도한 강물을 바라보면서라도
나의 미래가
푸른 숲을 이루고 있으니
조금 더 힘내서
범람은 막아내고

눈꽃

세상의 많은 꽃밭을
보고 난 후에
꽃들에게
가없는 찬사를 보내고 난 후에
얼어붙던 겨울날
죽령에 올라섰다
그곳에
끝없이 펼쳐진
눈꽃밭이 있었다
놀랄 눈도 없고
감탄할 입도 없어서
바라만 보았다
보는 사람 없어도
몇천 번 몇백 번
눈꽃을 피웠으리라
보고 또 보며
내가 너를 보러
또 올 수 있을까

가슴이 눈꽃밭이 되어
너무 시려서
굽이굽이
고갯길이 끝나는 곳에서
봄이 기다려 주면 좋겠다

소망

벚꽃 지듯이
봄바람에 눈처럼 날릴까
동백처럼
능소화처럼
어느 날
피눈물로 떨어져 버릴까
소망이
이루어지는 것은 아니지만
꽃을 피우고
시들어가고
시든 꽃잎이 꽃대에 매달린 채
검게 상해가는 모습을
하필
너에게 보이고 싶지는 않다
아무래도
봄을 타나 보다

소중한 것

한 시절
내게 소중한 것은
사랑이 아니었다
물질에 마음을 빼앗기고
빛나는 것
새로운 것에
눈을 빼앗겼다
이런 것들을
따라다니며
살아내느라
시간이 달려가는 것도 못 보고
소중한 것은
사람이라고 깨닫는데
너무 오래 걸렸다
그래서
지금 내게는
네가 가장 소중하다

까마귀 1

오솔길을 걷는데
머리 위로
까마귀가 깍깍거리며
오락가락하고 있다
꼭 따라 오는 것처럼
그래서
혼잣말 좀 했다
아직 너 따라
갈 마음 없다
다른 데 가봐라
그리고는
웃음이 났다
지금 이 말을 알아듣는 사람이
몇이나 될까
이 말을 하던 사람들은
이미
까마귀 따라 가버리고

꽃씨

내년 봄을 못 믿어서
이 봄
오늘
네게 꽃씨를 보낸다
문 열고 나서면
마주 보이는
울타리 가에
뿌려두어라
날리는 것은 날리고
죽는 것은 죽어도
몇몇은 살아남아
오랫동안
꽃을 피우리라
어느 날
봄바람에
꽃잎 날려 떨어지거든
가끔
내 생각도 하여라

창

누가 남쪽으로
커다란 창을 내었나
복사꽃 떨어지는 소리도
너무 잘 들리고
밤새 내리는
가랑비 소리에
잠을 설친다
밤마다 우는 소쩍새는
엄마가 보고 싶게 하고
첫눈 내리는 소리 들으며
너를 생각한다
창은 공연히
너무 크게 내어가지고
안개 내리는
소리까지 들으며
그리움만 키운다

불로초

풀약을 해도
뿌리는 살아남고
잘라내어도
뿌리는 살아남고
오늘 뽑으면
내일은 또 살아 나온다
우리 모두 떠나도
너는 살아남아
세상을 모두
푸른빛으로 덮으리라
누가
연약한 풀잎이라 했을까
진시황이 찾던
불로초가
너희들이었나 보다

빗장

빗장을 조금 열었다고
누구든 무엇이든
들어오라는 것은 아니다
항상 아쉬운
아름다운 것들을
맞아들여야겠다
봄볕
바람에 날리는 꽃잎
사랑을 싹틔우는
촉촉한 이슬갱이
보는 사람도
빙빙 돌리는 고추잠자리
갈 바 없이 구르던 은행잎
아름다운 것은
모두 모여라
문 열어 두었다
빗장을 열었다고
나갈 맘이 있는 것도 아니다

버리고 싶은 것이나
내보내야겠다
좁디좁은 무심한 마음
켜켜이 쌓인 탐욕의 앙금
항상 추운 시려움
세상을 향한 두려움
배웅하고 싶은 것이
너무 많아서
빗장을
오래 열어 누어야
할 것 같다

아름다운 시절

어디서 무엇이 되어
다시 만나랴
이 말을 사랑했다
옷깃 스친 사람 하나도
뜰 앞의
풀벌레 한 마리도
언젠가는
다시 만날 인연이기에
모두 귀하고 소중했다
짧았던
젊은 시절도 지나가고
우리가 모두
다시 만나는 것은
아니라는 것을 알았다
언젠가는
무엇으로든 다시 만나리라
생각했던
참으로
아름다운 시절이 있었다

카페

대문 없는 집에
살고 있으니
무문관이라 불러도 될지
누기로 얼룩진
같은 벽을
수십 년 보고 있다고
면벽이라 할 수도 있는지
외딴집에서
밥하고 빨래만 하고
세월 보낸 것도
두문불출이 되는지
궁금한 것도 많았으나
깨달은 것은 없고
이제 오래오래 되었으니
나가서
분위기 있는 카페나
한번 가봐야겠다
멋 좀 부리고서

작은 것이 주는 슬픔

화려한 모란이 진다고
누가 울었나
선운사 뚝뚝 떨어진
동백꽃 보며
누가 슬퍼했나
길옆의 작디작은
쑥부쟁이 꽃묶음에
좋아라 하던
너무 가난한
너 때문에
쑥부쟁이
작은 꽃 필 때마다
마음 아프다

마지막 손님

저물녘
그림자처럼 슬그머니
자기 집 들어오듯
손님이 왔다
허름하고 누추한
찾는 이 없는
오래된 집에
걸리는 데 없이
스며들었다
비어 있던 방은
모처럼 불 밝히고
쓸쓸함을 밀어내고
밤이 소리 없이
담을 쌓고 내려앉자
모든 것이 따뜻해지고
채워졌다
이제 기다림은 끝내고
문을 닫아야겠다

연꽃

너를 위해서
멀리서 바라만 보겠다
세속에 보기 드문
자태도
품격도
빛깔도
그러나 가까이 가서
네가 살고있는 곳을
보지는 않겠다
그냥
보이는 것만 보고
사랑하겠다
그리하고 싶다
전생도
내생도
안도
밖도
네가 얼마나 고되었는지도

아무것도 알고 싶지 않다
그리고
이것을 너에 대한
사랑의 배려라 부르고 싶다

오래된 그 여자

그 여자
문득문득 슬프다
엄마가 보고 싶어서
아직도 엄마가 필요한
나이인 것 같다
그 여자
눈물도 자주 난다
하얘지는 머리에
주름지는 얼굴은
분명 계획에는
안 들어있던 일이어서
그 여자
자주 긴 숨을 쉰다
반세기는 지난 일들도
총총한데
어제와 그제는
희미해서
그 여자

마음은 좋은 것 같다
시어머니 꼭 닮은
손녀가 너무 예쁜 것 보면
다 못 주고 가신
사랑 주러 보내셨나
그 애는 할미를 사랑한다
그 여자
슬픔도 눈물도 긴 숨도
그 애 앞에서는
모두 잇는디

봉숭아

고운 사람들 손끝에
붉은빛으로 오래오래
첫눈 올 때까지 남아서
첫사랑을
만나게 하리라
내가 다녀간다고
누구는
이름도 남기고
가죽도 남기고
꽃물도 남기는구나
그리하고도
얼마나
묻어둔 것이 많았기에
참다못한 어느 날
속을 다 뒤집어
토해내고는
다음 생을 기약한다

홀로

아무도
보이지 않으니
꽃이 보인다
아무도
말하지 않으니
새소리 벌레 소리 들린다
아무도
가까이 없으니
멀리멀리 보인다
가진 것이 많으면
보이는 것도
들리는 소리도 없다
땅이
지금 무슨 일을 하는지
하늘에서
무슨 일이 일어나는지
알지 못한다
나는 지금 홀로다

개망초

꽃을 사랑한 시인의 시처럼
누군가의
꽃이 되고 싶은 밤
나만의 꽃을 갖고 싶은 밤
산책하는 길옆에
안개꽃이 잔뜩 피어있었다
누가 안개꽃을
여기에 심었을까
몇 가지를 꺾어 들고
행복했다
돌아와 화병에 꽂아놓고
누군가의 꽃이 되어
자고 일어나니
안개꽃은 개망초가
되어있었다
밤이 되어 살짝 오므린
개망초를 안개꽃으로 보고
좋아라 꺾어 온 것이다

5초의 첫인상으로
살아오면서 얼마나 많은
허상을 보았을까
개망초는 무슨 죄인가
그래도
향기가 너무 좋아서
잘린 개망초를
애도하고
나를 용서했다

나무

연두색
시폰을 걸치면 꿈을 준다
청록색 옷을 입고
바람에 서걱이면
온몸으로
힘이 수액처럼 지나간다
황토색 무명옷을 입고
대지로
돌아갈 준비를 하면
같이 삶을 되돌아본다
잘
숙성된 삶이었는지
찬바람 속에
벗은 몸으로
자 보아라 하며
당당하게 서 있으면
입어도 볼품없고
벗어도 볼품없는 나는

말해주고 싶다
애썼다

보발재

멀리서 보는 보발재는
너무 아름답다
고개는 깊을수록
구비는 많을수록
길은 험할수록 아름답다
너의 삶도
나의 삶도
멀리서 바라볼 일이다
살아내는 일이
시시하고 콜콜하니
강 건너 불구경하듯
멀리서 바라보아라
그러면
보발재처럼
아름다운 우리의 삶을
보게 될 것이다

성북동 집

바람 많이 부는
꼭대기 외딴집 사는
우리 아들이
서울 구경 몇 번 하고는
엄마
제가 커서 돈 많이 벌어서
서울에 좋은 집 사드릴게요
나는 그 애에게
성북동에 사달라고 했다
비둘기가 쫓겨난 뒤
생긴 동네가
살아보고 싶어서
어린 아들과 나눈
정담이었다
자라서 전 국민의
집을 걱정하고 짓는
직장에 들어가고
꼭대기 외딴집에서

성북동은 잊은 채 사는
나에게
어느 날
아들이 말했다
엄마
제가 주택공사
사장이 된다 해도
성북동에 집 사드리기
힘들 것 같아요
너무 비싸서요
그 동네 집 한 채 살 돈이면
이 동네를 다 사겠어요
하였다
이 말이 내겐
성북동 집보다 귀했다
사장이 된다 해도
못 사드리겠다던
비싼 집들은

다 누가 사는지 알 수 없다
지금도 바람 많이 부는
꼭대기 외딴집 마당에 서서
성북동집 여러 채를
사방팔방으로 발밑에
내려다보고 있다
아직도
아들은 엄마에게
지킬 수 없는 약속을
잊지 못하고

길

고추 다섯 포기 심고
가지는 두 포기만 심고
상추 세 포기를 심어도
다 먹지 못하고 남는다
지금 알고 있는 것을
그때도 알았더라면
하고 말들 하지만
그러면 나았을까
가지 못한 길도
돌아선 길도
지나온 길도
쉬운 길은 없다
한번 지나온 길이니
다시 시작하면
더 잘할 수 있을까
그러나
익숙한 길은 없다

물망초

뻘밭에 서서
내 것이었던 것들이
썰물처럼
나가는 것을 바라본다
붙잡아야 하나
따라가야 하나
뻘에 붙들린 내 발은
꼼짝도 하지 못하고
쉽게 떠나는 것들을 보며
진정 잠시라도
나만의 것이었나
알 수 없는 물음 속에
두 발에 힘을 주고
기다린다
지구를 한 바퀴
돌아서라도
밀물처럼
내게 다시 와주기를
뻘밭에 서서

삶

나 아니면
죽겠다던 연인은
서로 내 사람이 되면
옛 성현의 말씀을
생각하게 한다
원수를 사랑하려
노력하고
어느 생에선가
빚을 많이 졌구나 하며
헌신을 한다
적과의 동침 속에
인내를 배우고
물어보지도 않고 불러낸
빚 받으러 온다는
생명을 키운다
돌고 돌리며
오래된 적과는
다 떠난 빈자리에서

동지가 되어
아픈 손가락 같은
목에 걸린 가시 같은
자손 얘기로
잠 떠난
밤을 채운다
그러다가 또
찬바람 일으키며
등도 돌리고

나일 뿐

잔잔이가
키 큰 해바라기를
이기고 싶었는지
안개꽃이
장미의 화려함이 부러웠는지
낙엽송이
소나무가 되고 싶었는지
알지 못한다
꽃들이
다투는 걸 못 봐서
그저 바라만 보아도
편안한 걸 보면
언제가 꽃이었는지
언젠가 는 꽃이 될 것인지
나를 받아준다
그리고
우린 서로 알고 있다
나는 나일 뿐이라는걸

5부

가을 2

가을에 배부르려고
봄 여름
굶었다
이제 네가 왔으니
바빠야겠다
코스모스 들판
구절초 언덕
국화밭으로
화려한 산도 기다리고
이번 가을도
나는
배가 부르다

인연

하루 종일
기차는 수없이
떠나지만
8시에 떠나는 기차가
유난히 쓸쓸하다
많은 사람과
매일 옷깃을 스치며
기억도 없이 지나가도
내게 한 사람
언제나 네 얼굴이
마음 아프다
기차는 언제나
슬픈 소리를 내며
떠나가지만
특히
해리스 알렉시우*가
기차가 떠난다고
슬픈 목소리로

부르면

모든 인연

다 버리고

네가 타고

못 올 길 간 것처럼

눈물이 난다

* 〈기차는 8시에 떠나네〉를 부른 그리스의 가수 _ 편집자 註

지표 2

가장 뒤에서 걷고 싶어
갈팡질팡 걷는 걸음
누구에게도
보이고 싶지 않아
굳건한 발자국을 찍으며
네가 걸어 나가면
뒤에서 그냥 편하게
삐딱 삐딱거리며
따라가고 싶어
뒤에 올 누군가에게
보여질 걱정 없이
네 뒤에 서서
생각 없이 가고 싶어
밤이 되면 후회하고
날이 밝으면
잊어버리고
그냥 너를
지표 삼아 생각 없이

제일 뒤에서
삐뚤삐뚤 걷고 싶어

긴 봄

봄날이
화려하고 길어서
시간 가는 줄도 몰랐네
꽃향기에 취해서
가을 겨울이
기다리는 걸 잊었네
봄은 긴데
삶은
쏘아 올린 화살같이
지나가고
미처 따라잡지 못하는
시절 모르는 마음은
아직도
봄날을 헤매고
거울을 보며
립스틱을 바르고
스치는 바람에
스카프를 날린다

얼마나 더
오래된 사람이 되어야
마음이
시절을 알게 될까

헤어질 연습

다녀가는 사람이
안 보일 때까지
손을 흔들고
떠나는 봄을
받아들이지 못해
슬그머니
봄 자락을 붙들고
가을 한철 보내려면
몇 번쯤은
가슴 저리고
몇 번쯤은
눈가를 닦아내고
날만 흐려도
오래전에 보낸 너를
불러낸다
어디 떠날 일이 생기면
대놓고
가지 말아야겠다

헤어지는 건
연습이 안 된다
손 흔들지도 말고
붙들지도 말고
공연히
가슴 저리지 말고
보낸 사람
부르지도 말고

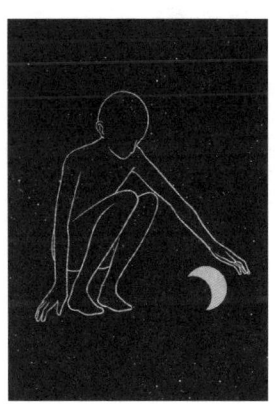

무화과

함부로 말하지 마라
우중충한 얼굴로
꽃도 없이 맺었다고
오래
기다리지 못하는
그 열매를 사랑해서
짧은 가을
찬바람 속에
몸을 반으로 열었을 때
수줍게 피어있는
안으로 숨은 꽃을
보리라
사랑하는 사람만
보게 될 산호꽃을
가슴에
꽃을 품고 태어난
탄생의 비밀을
사랑하면
알게 될 것이다

모퉁이

바람 많이 부는
모퉁이 돌 적마다
그 끝에
너를 세워 두었다
쓰러지게 되면
잡아 주겠지
너는 모르겠지만
바람이
차고 거세어도
그냥
앞으로 앞으로
걸어 나간다
모퉁이 돌면
네가 따뜻한 봄으로
기다릴 것 같아서

가을 3

은행잎을 물들이며
나에게
무슨 짓을 한 걸까
단풍잎을 물들이며
나에게
무슨 짓을 한 걸까
귀뚜라미를 울리며
나에게
무슨 짓을 한 걸까
낮잠을 자고
일어나보니
해가 지고 있었던
그때
그때 같다
가을은
무슨 짓을 했는지
마음에게

측은한 아침

무서리 내린 아침
여러 잎들이
세상을 하직했다
고춧잎이
호박잎이
가을이 깊도록
무성하고 화려했던
물봉숭아꽃이
잎을 베고 누워버렸다
소리 없이 찾아온
무서리가
내게도 내렸나보다
너도 눕고
나도 눕고
추억도 누워버린
측은한 아침
한 장 남은 달력이
힘없이 누워있다

국화

문을 열고 나서니
누군가
노란 국화 화분을
문 앞에 잔뜩 두고 갔다
이게 무슨 일이래
너냐
그랬으면 좋겠지만
너는 아니고
이 계절
뒹구는 낙엽처럼
누런 얼굴로
너를 볼 수는 없다
국화꽃을 보자
온몸으로
사랑이 한 바퀴
지나간다
그래
이게 마지막 가을이냐

긴 여행이었으나
아직 충만한 얼굴로
오늘은
거울 앞에 좀
서봐야겠다
국화처럼
의젓하게

감나무

오래전
노시산방기*를 읽고
감나무를 심었다
좋아하는 단감나무를
어린 단감나무들은
나이가 들면서
변해갔다
족보도 알 수 없는
감나무가 되더니
세월이 가며
고염나무가 되었다
마당 넓은 집엔
오래된 감나무
오래된 사람이 산다
감나무가 변하는 동안
소녀는
어머니가 되고
할머니가 되어

감꽃 떨어지는 소리

마른 감잎이

바람에 구르는 소리에

잠을 설치며 산다

이 집에

노인산방이 맞을까

노시산방을 빌려올까

생각에 지쳐도

떠난 잠은 올 맘이 없고

길고도 긴

아직도 가을밤이다

* 화가이자 수필가로 알려진 근원 김용준의 수필집 『근원수필』에 수록된 그의 집 '노시산방'에 대한 수필 _ 편집자 註

산비둘기

오랫동안
네가 궁금했다
새들은 제 이름을
부르며 운다는데
무겁게 토해내는
너의 바리톤은
이름은 아니었다
목이 메어
우는 뜻은 무엇인가
부모를 산에 두고
왔다는 소리인가
자식을 가슴에
묻었다는 소리인가
통성명도 없이 네가 울면
가슴에서 작은북이
울리는 것 같았다
어디에선가 산비둘기
울음소리라 듣고 나니

이제서야
너와 악수한 것 같다
익명으로 지낸
긴 시간만큼
그보다 더 오랫동안
너의
목메인 바리톤을
사랑할 것이다

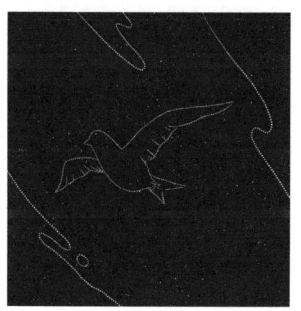

개미

개미가
지나간다
작은 저 머릿속에도
걱정이 들었을까?
작은 씨앗만 한
가슴에도
슬픔이 자리할까?
실낱같은 허리도
배고픔을 알려나
아무리 작아도
코끼리만 해도
똑같은
우주일 텐데
궁금하다

겨울밤

철새는 끼룩거리며
자전거 탄 ET처럼
밤하늘을
울며 지나가고
거주지가 분명한
도둑 냥이가
아기처럼 울며
앞뜰 뒤뜰을
밤이 새도록 뱅뱅 돈다
세상은 사랑으로 넘쳐서
냥이가 딸 되고
강아지를 아들 삼아
엄마다 엄마 하지만
뜰 어두운 구석에서
네가 눈을 번쩍이면
겁많은 나는
너희들의 부모는
틀린 것 같다

동백꽃

사랑한다고
말했던가
꽃봉오리보다 더
피었을 때보다 더
땅 위에
떨어져 누워있는
동백을
돌아설 때를 알고
돌아서는 모습이 더
아름답다고
지금
송이째 떨어져서
가버릴 생각인가
너무 아름답게 떠나서
눈물이 나네
꽃잎 마를 새도 없이
바람에
날려 볼 새도 없이

온몸으로 떨어져서
땅 위를 붉게 물들이고
돌아볼 맘도 없이
가겠다는 건가
너무 처연한
붉은 이별에
눈물이 나네

하여가

알았으면
말 좀 해주지 그랬어
사는 거
별거 아니라고
너무 애쓰지 말라고
가만히 있어도
봄은 오고
가을도 오고
꽃은 피고
붙잡아도
해는 진다고
말 좀 해주지 그랬어
많이 사랑하라고
살아있는 모든 것들은
사랑을 기다린다고
이제서 알게 된
많은 것들을 두고
오늘은

눈밭에 서서
하여가를 부른다

무안

새들의 천국에
어느 날
쇠로 만들어진
거대한 새 한 마리가
나타났을 때
새들은
얼마나 놀랐을까
사람은
진실도 묻어두고
아는 것도 감춘다
나의 욕망을 위해
수많은 생명을 이끌고
허공을 나르는 이의
창 너머로 보이는
움켜쥔 팔은
희망으로
가는 중이었을까
끝을 알고 있었을까

모두 아는 것을
설마로 외면할 때
다른 곳에서도
흙으로 덮인
콘크리트 언덕을
만날 것이다
토박이들을 놀래키던
거대한 새는
수많은 생명을 지고 못 올 곳으로 가버리고
작은 새들은 그들만의
하늘을 다시 찾았다
인과인가
인재인가
유리창 너머로 보이던
팔은 오래도록
생각날 것 같다

촌

어렸을 때
할머니께서 말씀하셨다
옛이야기 좋아하면
가난하게 산다고 하신
그 아이는
책을 좋아하는
소녀가 되어
소설 속의
촌들을 사랑했다
산촌의
소쩍새 우는밤
어촌의
새벽 물안개
탄광촌의
검은 시냇물
사하촌의 쓸쓸함
지금
소설 속의 촌들은

모두 사라지고
추억 속에만 살아있다
할머니는 옳으셨다
옛이야기
책 좋아하던 소녀는
황토밭 바라보며
추억 속의 촌에서
그곳을 사랑하는 여자로 살고 있으니
할머니
보고 싶습니다
남아있는 사람이
보고 싶으면
기다려볼 텐데
언제나
떠난 사람이 보고 싶다

기찻길

가끔은
너랑 나랑
기찻길처럼
나란히 누워
눈이 오네
비가 오네
남쪽으로 내려가면
꽃이 피었네
북쪽으로 올라가면
벌써 물이 들었네
속닥거리며
피서가는 기차도
칙칙폭폭
스키 타러 가는 기차도
칙칙폭폭 태워주고
시답잖은 소리 나누며
별을 보고 누우면
아주 쪼금은

덜 외로울 것 같으네
네 생각에는
어떨 것 같으니

제주도

그곳을 떠나올 때
눈이 내렸다
담담하게
아주 호사스러운
며칠을 보내고
이제 집으로 간다
언제나
나의 길은
꽃길이었던 것처럼
자연스럽고
익숙하게
며칠을 보내고
돌아오며
눈 내리는 공항에
비단옷을
벗어 놓았다
그곳이 그곳 같은
작은 기차역

대합실엔

오래된 사람들만

돌아오고

떠나는

그 역에 내려

동면하기 좋은

아늑한 곳

이제 집으로 간다

공항에는

벗어 두고 온

잠깐 입었던 비단옷이

나를 기억할지는

모르겠다

시

어느 날
시들이 내게
별똥별처럼 내려와서
시인이 되었다
밤에 떠나는 열차에
무임승차 한 것처럼
시가 실린 책을
아무도 모르게
혼자만 안고 있다가
바다가 보이는 곳에
살고 계시는 부처님께
드리고 왔다
넓은 마음으로
봐주실 것 같아서
그 시집은
지금 무얼 하고 있을까
혹시
공양간에서

냄비 받침이라도
하고 있을까?
그러면
나는 정말 좋을 것 같다
왠지
부끄럽지도 않고

변죽

봄이구나
말 못 하고
꽃다지가 피었네
수선화가 피었네
가을이라고 말 못 하고
물이 들었네
하늘이 높으네
사랑한다
말 못 하고
사람이 좋으네
목소리가 좋으네
사는 게 그런 거지
살다 보면
좋은 날이 올 거야
대놓고 하지 못하고
변죽만 울리다가
봄도 놓치고
가을도 놓치고

사랑도 그냥 보내고
시간도
다른 나라 강물처럼
도도하게 가버렸다

지리산

그렇게
조촐한 꽃도
뭉치면 힘이 된다
우리 마을
오래된 아낙들이
지리산을 갔다
산수유를 본다고
밭이 많은 곳에 살아서
뙤약볕에도 쉴 새 없는
빗살무늬 토기 같은
얼굴들이 모두
자리에서 일어나
춤추기 시작했다
골도 깊고
구비도 많고
골짜기마다
사연도 많은
지리산을 가며

나도 지리산이다
하는 얼굴로
태엽 감긴 인형처럼
춤을 추었다
갑자기
눈물의 비등점이
속수무책인 눈에서
물이 흘렀다
새댁을 보았으나
이제
모두 토기가 되어
북 치는 음악 속에
일어나 춤추고 있다
내일은
밭일이 기다리고
지리산은
지도 속으로
돌아갈 것이다

마음 4

네게 귀한 마음
한 조각을 두었으니
가끔씩 해야 할 일을
말해 주겠다
첫눈 내리면
내가 보낸 소식인가
생각하기
짧은 봄 지나
꽃잎 날리면
잘 지내나 생각하기
장맛비가
주룩주룩 거리면
눅눅한데
뭐 하고 있나 생각하기
텅 빈 들에
나뭇잎 뒹굴면
쓸쓸한가 생각하기
할 수 없으면

마음 한 조각
돌려주기 바란다

개심사 청벚꽃

봄이 오고
법당 앞뜰에
청벚꽃이 피면
마음이 많이 민망하다
곳곳에서 모여든
꽃을 사랑하는 사람들이
청벚나무 아래에서
한가지씩 잡고
예쁜척하며
사진을 찍는다
부처님께선
텅 빈 법당에서
아름다운 사람들로
가득 찬 뜰을
내려다보시며
무슨 생각을 하실까
천년을 앉아 계시건만
모두

꽃만 바라보다 돌아선다
빈 법당이 민망해서
혼자 들어가
법도도 모르는 절도
부처님께 올리고
많이도 왔네 하며
뜰을 내려다본다
청벚꽃 필 때면
부처님 앞에서
잠깐
나의 깨우침이 깊어진다
꽃 보러 오신 여러분들
주인어른께도
인사도 드리고
사랑도 좀
나누어 드리세요
부처님도
외로우시답니다
여러분

강

시냇물인 줄 알았더니
강물의 시작이었다
햇살이
뚫고 들어간 물속에
송사리 바쁘고
손 담그고
쥐락펴락하던
시냇물은 흐르고 흘러
강이 되어
바다로
도도하게 떠났다
천천히 가거라
한번 바다로 가면
돌아올 수 없단다
강물의 꿈은 바다로
가는 것이었나 보다
넓고 깊고 검은
바다에서

고향 가는 연어가 부럽고
바쁜 송사리가
보고 싶어서
참다못한 어느 날
눈물 반짝이는 얼굴을
바닷물에
파묻고 있을 것이다
가끔씩은

비 2

비 오는 날이
마음에 안 든다
하늘이 울면서
너도 울어
너도 울어
같이 울자 한다
하늘이 울면
자연의 모든
살아있는 것에
생기를 주지만
내 눈물은
어디에도 쓸모가 없는데
그래서
내가 오늘
입 즈려물고
눈에
힘 좀 주고 있어야겠다
하늘도 뜻대로

안 되는 것이 있음을
알려주기 위해

생각나는 사람

아름다운 곳에서
생각나는 사람들
좋은 음식을 앞에 두고
향기로운 차를 마시며
생각나는 사람들
혼자 보아도
혼자 마셔도
외롭지 않다
누군가도 날 생각하며
보기도 하고
마시기도 하나 보다
가끔은
안 먹어도 고프지 않고
문득 코끝에
차의 향기가 머문다
가만히 눈을 감고 있으면
누군가의 초대로
아름다운 곳을 거니는
나를 본다

6부

그럴 수도 있지

장미라고 키웠더니
찔레꽃이었다
단감이라고 먹었더니
땡감이었다
호랑이를 그렸으나
모두들
고양이를 그린 줄 안다
어찌하나
그럴 수도 있지
이런 나를
사랑하기로 했다
연꽃 청자연적의
꼬부라진 연잎처럼
생각하기로 했다

까마귀 2

어두운 밤하늘
전봇대 위에
오두카니 앉아
울고 또 울고 있다
까악 까악 까악
오래된 사람들만
모여 사는 이곳에서
그만 가라고
훠이
까마귀가 자꾸 울자
같이 울고 싶어졌다
하늘은 어둡고
전봇대는
혼자 외롭고
울음소리는
너무 삭막하다
훠이
허공을 가르는 소리에

까마귀는
제 몸처럼 검은 하늘로
날아갔다

살면서

울을 넘고 싶은 적은
없었다
그 안에서 해야 할 일이
너무 많았기에
어느 날 시간이
더 가기 전에 하고
품고 있던 나비 한 마리를
날려 보냈다
서로의 해방을 위해
뒤돌아보지 말고
바다라도 건너라
알프스라도 넘어서
멀리 떠나라
미처 몰랐으나
그건 작은 소용돌이의
시작이 되었다
그래
그래도 우리

다시 만나지는 말자
자유 만세

괜찮아 2

봄날 참 길다
밤은 짧더니
밭고랑 참 길다
짧은 다리로
언제 끝까지 가나
해는 다리가 길은가 보다
소리 없이 올라오더니
하늘을 가로질러
어느새
달에게 자리를
내어주러 가고 있다
네가 길으니
내가 짧고
네가 멋지니
내가 더욱
초라하구나
괜찮다 괜찮아
봄날은 화창하고

뻐꾸기는 우는데
밭고랑 참 길다

전상서

얼마 만에 써보는
전상서인지요
장마 속에
어두운 하늘이
번쩍이며 갈라지자
소식 몇 자 전하고
싶어졌습니다
우체통 없는 곳에 계시는
어른들께
우선 전합니다
덕분에
저는 잘 지내고 있습니다
잘한 것도 없는데
이만하면 복입니다
걱정 놓으시기 바랍니다
그리고
멀리
아파트 숲에 사는

나무 숲속에 사는

바닷가에 사는

나의 정인들

문득문득 생각합니다

가는 길이 달라서

많이 볼 수 없어도

살아가는 동안

더욱 만날 수 없을지라도

천둥이라도 치면

폭설이라도 내리면

잊은 적 없다고

안부를 묻는

전상서를

올리겠습니다

평안들 하시기 바랍니다

이만 총총

그리움 2

집 안에 있으면
밖이 그립고
밖에 나가면
집이 그립다
네가 안 보이면
네 생각이 나고
눈앞에 있으면
내 생각이 난다
온전히 나에게
다시
돌아갈 수 있을까 하고
매일매일
그리움의 쳇바퀴를 돌린다

바라기

나뭇가지는
동쪽으로 뻗어가고
꽃은
해를 보며 웃는다
오늘은 나도
하늘 좀
올려다봐야겠다
무한한 것을 사랑하는
너를 생각하며

봄

마음을 가을에 두고
봄을 맞이해도 될는지
떨어진 나뭇잎을 가슴에 채워두고
꽃을 기다려도 괜찮은지
봄에겐 비밀로 해야겠다
서운할 수도 있으니
어쩐지 봄은 너그러울 것 같기는 하지만
그곳에 사는 사람
하늘이 가까운 그곳
올라가기도 어렵고
내려오기도 힘든 곳
계곡 물소리 싱그럽고
맑은 물에서 바위들이
종일 헤엄치는 곳
그런 곳에 사는 사람은 누구인가
아주 청정하고
고적을 사랑하는 사람인가 보다
내려오기 귀찮아서

더 가까운 하늘로
사다리를 놓을 것 같은

겨울새

겨울이 오면
너희는 꼭짓점을 그리며
내 집 위를 지나간다
서로 인사를 나눈 적은 없으나
너희들의 고향을 알고
올 때와 가는 때를 내가 안다
차가운 겨울 저녁
울며 오는 소리인가
노래하며 오는 소리인가
무리 지어 지나가며
부르는 소리에
어두운 하늘을 바라본다
그 시리고 시린 허공을 가르며
며칠이나 날아왔는가
작은 날개를 쉼 없이 펄럭이며
싱싱한 몸짓으로
참 궁금하구나

새들은 늙기 전에
세상을 떠나는지

낮과 밤

낮에는 보이는 것에
마음을 빼앗기고
밤에는 보이지 않는 것에
마음을 내어준다
하늘, 구름
나무, 꽃
그리고 지나는 사람들에게
마음을 빼앗겨
문득문득 너를 잊는다
밤이 찾아오면
이루지 못한 꿈
가지 않은 길
스쳐 지나간 인연
볼 수도 만질 수도 없는 생각에
잠을 내어주고
낮에는 잊었던 너에게 말한다
내가 보는 하늘이
너도 보는 하늘이다

낮도 좋고
밤도 좋구나

긴 꿈

오랫동안
막고굴의 그분이 궁금했다
그분의 공간과 시간
부질없음에 대하여
나의 모든 것이
얼마나 소소한 것인지
느끼고 싶었나보다
긴 시간 동안
많은 것을 그리워했고
아쉬워했다
이제 꿈에서 걸어 나와
봄이면 청벚꽃 속에서
천년도 넘는 오늘을 보내시는
분이나 뵈러 가야겠다
막고굴은 너무 멀다

벚꽃길

봄비 맞으며 아지랑이 속에
서 있는 모습이 소녀 같으네
바람에 몸을 내어주고
흔들리며 날리는 꽃잎은
자꾸만 나를 부르네
어쩌란 말이냐
겨우내 너무 추워서
봄을 기다렸더니
너를 기다렸나보다
비에 젖어도
바람에 시달려도
항상 고우네
언제나 아름다웠고
앞으로도 언제까지나
점점 쭈그러드는 모습으로
고운 널 보니
돌아다보는 눈가에
봄비가 내리네

첫눈

오는 것은 보았는데
머무는 곳은
안 보이는구나
굳이
찾으려고 애쓰지 마라
내 마음속에
첫사랑으로
차곡차곡
쌓아 두었으니

월식

찻잔 접시만 한
붉은 달이 사라지고
하늘은 암흑 속에 잠겼다
월식이란다
두 손으로 감싸지던
따뜻한 얼굴이
내 손을 떠나고
끝 간 데 모르던 마음이
캄캄해져 버렸다

달은 다시 나와서
하늘을 밝히고
어두운 마음은
오랜 시간이
새벽이 오듯 다가와서
서서히 밝혀주었다
누가 이것도 무어라고
이름 좀 불러주면 좋겠다

능소화

오래전
젊었을 때
네가 첫눈에 마음에 들었다
마당이 생기면
너를 심으리라
할 일 다 하고 나면
미련 없이 뚝뚝 떨어지는 것도
마음에 드는구나
더위도 잊을 만큼
강렬한 너의 꽃잎이
뒤도 돌아보지 않고
그렇게 가다니
이제 오래된 사람이 되었으나
아직도 마당이 없다
그러나
예전보다 능소화도
흔하여지고
마당 있는 집 담장 밖으로

으레 능소화 덩굴이 걸쳐있다
그 아름다운 꽃을
주렁주렁 매달고
이제는 능소화 핀 마당이
내 마당이려니 하기로 했다
어차피
누구든 다 두고 갈 마당이 아닌가

두고 온 마음

도시를 떠나올 때
아스팔트 위에
마음을 두고 왔다
곧 다시 오마
젊은 시절이 있고
친구가 있고
두고 온 마음이 있는 곳으로
하루 종일 걸어도
흙이 묻지 않는
아스팔트 고향으로
다시 오마
사과나무 배나무 꽃이 피고
흙이 풀풀 날리고
새벽이면 고라니가
뛰는 곳으로
가끔씩
두고 온 마음이
달이 밝다고

비가 온다고
언제 오냐고 불렀다
그래도
다시 가지도 못하고
오래된 사람이 되었다
이제는 꽃향기도 좋고
비 온 뒤의 흙냄새도 좋고
두고 온 마음이나
다시 찾아와야겠다
뻐꾸기 우는 날
같이 밭이나 매게

고래

호두 같은 얼굴로
아직도
고래를 품고 있나
얼마나
크나큰 집착인가
무거워서
걷지도 못하겠네
이제 그만
햇살 좋고
파도 잔잔한 날
고래를 보내러
동해바다에 가야겠다
그리고는
가벼워진 몸으로
한 번쯤은
조나단 리빙스턴처럼
날아봐야겠다

높이
이제라도

배려

고단함은
고단함을 알아보고
쓸쓸함은
쓸쓸함을 알아보고
마음에 등불 하나
켜두기로 했다
나의 고단함과 쓸쓸함이
너에게 위로가 되어
정 힘든 날
불빛 보고 찾아오도록
무거운 발걸음으로
오래 헤매이지 않게

바닷가의 하룻밤

밤새 바다가 울고 있다
부모 잃은 울음도 아니고
짝을 잃은 울음도 아니고
자식 잃은 울음도 아니고
몰래 한 사랑이 떠난 뒤
소리 죽여 우는 것 같다
누구의 이야기인가
누구의 눈물인가
저 바다 우는 소리는

너무 짠한 그대

텅 빈 것 같은 눈동자로
바라보지 마라
채워주고 싶어진다
앙상한 어깨로
들썩거리지 마라
안아주고 싶어진다
과장된 몸짓으로
허부적거리지 마라
부축해 주고 싶어진다
찬 바람이 불자
측은한 얼굴이
거리에 넘쳐난다
그 수많은 사람 속에서
너 하나만이라도
따뜻하게 해주고 싶다
아직 내 손에
온기 남아 있을 때

해설

자연을 일상으로 한 서정적 사유

윤산 강행원

화가, 시인
동아시아 인문화중심미학포럼 대표
포스트모던 시문학회 회장

　윤인영 시집을 마주하는 순간 가장 두드러지게 다가오는 것은 사소한 일상과 자연의 상년들을 동해 인간 존재의 근원적인 질문을 던지는 작의적 태도이다. 마치 붓다의 가르침인 대자연의 연기법이기도 한 상호 관계의 시공간에 따라 변하는 공(空) 사상이 부여된 아주 평범한 일상으로 시작된다. 윤인영이 지향하는 철학적인 믿음은 헤아리지 못하지만, 그의 시어 창작의 제원은 인드라망이 중심이 되고 있는 셈이다. 인드라는 산스크리트어로 3세기경 대승 불교의 화엄경에 의해 발전된 철학적 교리이다.

불가의 언어로는 공도리(空道理)라고 하는데 인다라망의 뜻은 삼라만상이 생멸하는 관계들에 대한 법계의 일체 현상과 현상이 서로 방해함이 없이 교류·융합하는 세계를 비유하는 은유이다. 윤인영의 시에 등장하는 나무와 꽃, 물과 빛, 길과 바람 같은 이미지들은 단순히 풍경을 묘사하는 장치가 아니라, 시인의 내면적 성찰을 투영하는 매개이며, 독자로 하여금 자신의 삶을 되돌아보게 만드는 촉매로 작용한다. 이처럼 일상적 사물의 재현을 넘어서 존재론적 물음으로 확장되는 지점에서 그의 시는 단순한 서정시의 맥락과는 달리 사유의 깊이를 담고 있다.

그의 언어는 화려한 수사를 의도적으로 배제하고 절제된 문장으로 구성되어 있다. 그러나 그 절제는 빈곤함이 아니라 오히려 여백의 미학으로 기능하며, 독자가 그 빈자리에 자신의 기억과 경험을 덧입히게 한다. 한 줄 한 줄 차분하게 내려앉는 그의 시어는 마치 고요한 사찰 처마 끝에서 울려 퍼지는 작은 풍경 소리처럼 독자의 내면을 오래도록 여운을 주는 미학적 정체성이자, 한국 현대 서정시가 보여주는 '간결함이 전통 시와도 형식상으로 비슷한 점이 있다.

무엇보다 윤인영의 시는 현대 사회의 맥락 속에서 그 의미가 더욱 선명해진다. 산업화와 디지털화가 가속화되며 인간의 감수성이 점점 단순화되고, 자연과 단절된 채 기계적 리듬 속에서 살아가는 현실에서, 그의 시가 환기하는 자연의 이미지와 인간적 사유는 단순한 미적 체험을 넘어 치유와 회복의 가능성을 선보인다. 나무의 뿌리는 시간의 누적과 삶의 근원을 상징하고, 빛의 역할이 사라짐과 희망을 동시에 담아내며, 흐르는 물은 유한한 생과 동시에 끊임없는 재생을 암시한다. 하지만
 아쉬운 점은 시어의 은유가 미약한 점이다. 은유는 시인의 언어에 관한 인식과 대상에 대한 태도이자 표현정신에 대한 대비나 대조를 의미하는 예술세계의 절대 생명인(Contrast)이기 때문이다. 현대의 모든 예술창작은 긴장과 스릴을 담보한 작의가 대세라는 점이다. 은유가 만일 안이하게 사용되면 창작의 작의 또한 힘을 잃게 되기 마련이다.

 여기에 불교적 사유를 덧붙인, 윤인영의 시는 무상(無常)과 연기(緣起), 공(空)의 세계를 언어로 옮겨낸 앞에서 말한 인드라망이 피워낸 재산이자 시상의 재원이다. 나무는 홀로 존재하지 않고 햇빛과 바람, 흙과 물의 인연 속에서 자라며, 물은 흘러가면서도 끊임없이 다른 물과 합쳐져 새로운 흐름을 만든다. 이는 모든 존재가 관계 속에서만 성립한다는 불교의 연기 사상을 그대로 드러낸다. 또한 그의 시에서 반복적으로 환기되는

사라짐과 다시 태어남의 장면들은 무상한 생멸의 진리를 말해 준다. 그러나 그 무상은 허무로 귀결되지 않고, 오히려 생멸을 있는 그대로 받아들일 때 삶의 의미가 드러난다는 긍정의 지혜로 확장된다.

다시말하면 열반(涅槃)은 죽음이 아니라, 지금 이 순간 도달할 수 있는 내면의 깊은 식(識)은 그대로 영원한 평화이다. 우리가 삶에서 추구할 수 있는 가장 조용하고 깊은 자유에 대한 윤회이기도 한 생(生)과 멸(滅)의 끝이 없는 영원성이다. 결코 무상과 공사상에 담긴 삼라만상을 헤아리는 육안에 비추는 모양인 모든 상(相) 또한 가상이기 때문에 현상적인 실존을 작의하는 화두와도 다르지 않다. 해서 은유적인 시어 융합에 대한 알아차림의 뜻이 엉뚱할 수도 있지만 현대 시어에서는 당연한 추상성에 함의로 수용된다. 이는 읽는 이의 눈높이의 지각에 따라 작가의 뜻과는 다르게 드러난 사유 일지라도 부정할 수 없는 가치를 지닌다.

또한 윤인영 시의 또 다른 한편은 '여백'이라는 문학적 공간을 통해 불교의 '공'을 체현한다. 표현하지 않음으로써 오히려 더 많은 것을 표현하는 그의 시적 전략은, 형상 속에서 비어 있는 자리를 통해 무한한 가능성을 드러내는 불교적 사유에 접근

하고 있다. 독자는 그 여백을 채우는 과정에서 자기만의 기억과 사유를 불러내며, 그 경험은 하나의 명상적 체험으로 연상된다. 이는 시 읽기가 곧 마음을 가라앉히고 '지금-여기'의 순간에 머무는 수행과정으로, 만나는 시어들이 화두와도 같은 은유로 변모하는 행식(行識)에의 시인에 대한 창의의 고뇌에 더한 숙고를 권유하고자 한다.

 윤인영 시집의 장점으로는 언어의 평이함과 사유의 전체적인 면에서 철학성을 절묘하게 결합한다는 점에서 주목할 만하다. 쉽게 읽히는 시어와 익숙한 풍경 묘사 속에 인간의 본질에 대한 질문이 자연스럽게 스며 있으며, 이는 독자가 어렵지 않게 공감할 수 있으면서도 동시에 깊은 성찰로 나아가도록 이끈다. 이는 한국 현대시의 서정적 흐름 속에서 '일상의 발견과 존재의 성찰'을 연결 짓는 양식과도 가깝게 느끼는 점 때문이다. 이는 단순한 감각적 아름다움에 머무르지 않고 삶의 본질적 충위로 확장된다는 점에서 중요한 의의를 지닌다. 모든 것은 변하고, '나'라는 것도 고정된 실체가 아니다. 이 깨달음은 고통에 덜 휘둘리는 삶으로 이끌어 준다.

 결국 윤인영 시집은 자연과 인간, 일상과 철학, 감각과 사유를 매개로 현대 사회에서 잃어버린 감수성과 존재적 깊이를 회복하게 하는 문학적 장치라 할 수 있다. 독자는 시를 읽으며 일상의 언어와 장면 속에서 자신도 모르게 사유의 길에 들어서게 되고, 그 과정을 통해 삶을 다시 바라보고 자기 자신을 성찰하게 된다. 그것이 바로 윤인영의 시가 단순히 개인적 서정을 넘어서 이 시대에 필요한 치유와 성찰의 언어로 기능하는 가능성이 엿보인다는 점에서 시가 지닌 작의들의 조화로운 큰 변화이다.

따라서 이 시집은 단순히 서정적인 아름다움을 전하는 작품집이 아니라, 급변하는 시대 속에서 인간이 놓치기 쉬운 본질적 가치와 내면적 균형의 모범을 찾는 빛이 되기를 바란다. 평자가 느끼는 이번 시집의 시제(詩題) 중에서 담장이라는 시 한 수를 뽑아 음미해 본다.

담장

매일 담장을 쌓으며
무엇을 지키려 했을까
쌓고 또 쌓고
타인을 지키느라
그런 줄 알았더니

자신을 가두느라 그랬나보다

탐날만한 것도

잃을 것도 없는 울타리 안에서

아무도 모르게

가난하고 싶었나보다

아무도 모르게

- 「담장」 전문

  위의 시상을 잉태하는 순간까지도 무상 무아 '나'라는 집착과 생각을 내려놓는 성찰을 진정한 자유인이 되는 명상으로 이어지는 매개였다고 짐작 된다. 다시 말하면 실상의 이치를 알아차림이기도 한 붓다의 가르침인 공사상의 마음공부에 대한 무상한 가벼운 깨달음과도 상통하는 이치이다. '담장'은 자신의 아성을 지키기 위해 기력을 다해 쌓아 올린 끝 간데 없는 영원한 삶을 영위하고자 했던 절대 가치로 여긴 탐심의 본능적인 작용에의 겸손한 일상이 시가 된 것이다 하지만 결국은 아무도 모르게 그 철옹성에 자신이 갇히게 된 알아차림은 찰나에 머문 노사(老死)의 무상한 공이 기다리고 있음을 자연의 변화무쌍한 연기의 관계를 터득한 깨달음이 아닐 수 없다.

이와 같이 물성(物性)에 담긴 육안에 비친 시어들 어디에도 걸림이 없는 은유적 조합의 절제된 언어가 만들어내는 여백의 공간, 자연 이미지가 상징하는 철학적 사유, 그리고 그것을 통해 회복되는 감수성은 윤인영 시가 이 시대 독자들에게 던지는 소중한 선물이기를 바란다. 따라서 동시에 불교적 깨달음의 길과 맞닿아 있는 문학적 수행의 알아차림도 시방의 빛이 되기를 기대해 마지않는다.

2025년 8월 중순

서귀포 중산간 칙오름 우거에서

윤산 강행원 합장

윤인영 시집

냉이

초판 1쇄 발행 | 2025년 9월 15일

지은이   윤인영
펴낸이   김진성
펴낸곳   벗나래
출판등록 2012년 4월 23일
신고번호 제 2016-000007호
주소   경기도 수원시 장안구 정조로 1110번길 14-9 302호
대표전화 02. 323. 4421
전자우편 kjs9653@hotmail.com

편집·표지디자인 임정호

Copyright©윤인영

값 15,000 원
ISBN 978-89-97763-68-9

* 잘못된 책은 서점에서 바꾸어 드립니다
* 이 책은 저작권법의 보호를 받는 저작물이므로 무단전재와 복제를 금합니다
  본문 내용을 사용할 경우 출판사의 허락을 받아야 합니다.